CARLOS BEZERRA CAVALCANTI

Curiosidades
SE NÃO SABIA,
Fique sabendo!

Curiosidades – Se não Sabia, Fique Sabendo
Copyright© 2007 Editora Ciência Moderna Ltda.

Todos os direitos para a língua portuguesa reservados pela EDITORA CIÊNCIA MODERNA LTDA.

Nenhuma parte deste livro poderá ser reproduzida, transmitida e gravada, por qualquer meio eletrônico, mecânico, por fotocópia e outros, sem a prévia autorização, por escrito, da Editora.

Editor: Paulo André P. Marques
Supervisão editorial: João Luís Fortes
Copidesque: Tereza Cristina N. Q. Bonadiman
Capa: Cristina Hodge
Diagramação: Equipe Ciência Moderna
Assistente Editorial: Daniele M. Oliveira

Várias **Marcas Registradas** podem aparecer no decorrer deste livro. Mais do que simplesmente listar esses nomes e informar quem possui seus direitos de exploração, ou ainda imprimir os logotipos das mesmas, o editor declara estar utilizando tais nomes apenas para fins editoriais, em benefício exclusivo do dono da Marca Registrada, sem intenção de infringir as regras de sua utilização.

FICHA CATALOGRÁFICA

Cavalcanti, Carlos Bezerra

Curiosidades – Se não Sabia, Fique Sabendo

Rio de Janeiro: Editora Ciência Moderna Ltda., 2007.

Generalidades

I — Título   CDD 000

ISBN: 978-85-7393-604-9

Editora Ciência Moderna Ltda.
Rua Alice Figueiredo, 46
CEP: 20950-150, Riachuelo – Rio de Janeiro – Brasil
Tel: (0xx21) 2201-6662/2201-6492/2201-6511/2201-6998
Fax: (0xx21) 2201-6896/2281-5778
E-mail: lcm@lcm.com.br
www.lcm.com.br   06/07

Agradecimentos

Maria da Glória Leal Bezerra (em memória)
Vanildo Bezerra Cavalcanti (em memória)
Carla Bezerra Cavalcanti (Historiadora)
Des. Manoel Alves da Rocha (Maçonaria)
Gilvan Maciel (CEHM)
Napoleão Barroso Braga (CEHM)
Gustavo Arruda (Escritor)
Neuza Andrade (Leitora)
Jobiergio Carvalho (Professor)
José Vasconcelos (Maçonaria)
Lucineide Siqueira (Leitora)
Janaina Pedroza (Leitora)

Sumário

Prefácio XI

Introdução XV

PARTE I – CURIOSIDADES NACIONAIS

Abreugrafia 3

Abrolhos 4

Baitola 6

Bandeira Nacional 7

Boi de Piranha 9

Bonde 11

Brigadeiro 12

Cristo Redentor 14

Favelas 16

Feijoada 18

Forró 19

Maria Farinha 21

Pão de Açúcar 22

Para Inglês Ver 23

VI CURIOSIDADES • SE NÃO SABIA, Fique sabendo!

Pinga 24
Santo do Pau Oco 26
Sem Eira Nem Beira 27

PARTE II – CURIOSIDADES INTERNACIONAIS

Aliança de Casamento 31
Amuleto X Talismã 32
Aperto de Mão 33
Aplausos 34
Arquimedes 35
A Maçã de Newton 37
Arroz nos Noivos 38
Árvore de Natal 39
Banco 40
Bar 42
Bate na Madeira 43
Big Ben 44
Bilhar 45
Biquíni 46
Blazer 48
Boicote 49
Botões 50
Calendário 51
Calígula 53
Carnaval 54
Carrasco 56
Cesariana 57
Champagne 58
Chocolate 59
Ciganos 60

Sumário

Coca-Cola	61
Coliseu	62
Continência	64
De Cor e Salteado	65
Dia da Mentira (1º de abril)	66
Dia das Mães	67
Dia dos Pais	68
Direita x Esquerda	69
Dominó	70
Esnobe	71
Estátua da Liberdade	72
Estrogonofe	74
Evolução das Espécies	75
Ferradura da Sorte	76
Fogueira de São João	77
Freud (O Pai da Psicanálise)	78
Genética	79
Gilete	80
Grifar	81
Guarda-chuva	82
Guilhotina	83
Hambúrguer	84
Idade Média (sujeira em alta)	85
Índios	87
Israel	89
Jardins da Babilônia	91
Jogo de Xadrez	93
Jogo do Bicho	94
Lágrimas de Crocodilo	96
Lavoisier	97

VIII CURIOSIDADES • SE NÃO SABIA, Fique sabendo!

Lei da Relatividade 98
Leonardo Da Vinci 100
Lobe 101
Lua-de-Mel 102
Maçonaria 103
Madapolão 105
Maratona 106
Mata-borrão 108
Mausoléu 109
Método Braille 110
Michelangelo 111
Monte Everest 113
Muralha da China 115
Nylon 116
Olha o Passarinho 117
Olimpíadas 118
Origem das Aeromoças 120
Oscar 121
Ostracismo 122
Ovo de Colombo 123
Ovo de Páscoa 124
Papai Noel 125
Papel 127
Pasteurização 128
Penicilina 129
Pout-pourri 131
Prêmio Nobel 132
Presépio / Missa do Galo 134
Rei Sol 135
Relógio de Pulso 136

Sumário IX

S.O.S. 138
Sabotagem 139
Sandwich 140
Símbolos dos Sexos 141
Sinceridade 142
Sorvete 144
Tamanho dos Sapatos 145
Tatuagem 146
Telégrafo 147
Terra do Fogo 149
Thomas Edson
    (O Gênio da Lâmpada) 150
Torre de Pisa 151
Torre Eiffel 152
Trevo de Quatro Folhas 154
Vacina 155
Vaticano 156
Velinhas de Aniversários 157
Wall Street 158

Bibliografia 159

Prefácio

Um fato histórico, mesmo disperso no tempo, nunca estará isolado do nosso cotidiano, uma vez que tem sua origem atrelada a um acontecimento social, ocorrido num determinado espaço geográfico e que, por sua relevância, eterniza-se na historiografia universal, através de registros bibliográficos.

A importância dos livros na propagação do conhecimento intelectual no seio da sociedade é primorosa, pois ele representa a essência de tudo aquilo que de mais relevante aconteceu para a ciência e para a cultura, como um todo.

Com muita propriedade e alcance filosófico pronunciou-se sobre este assunto o escritor José Mindlin, recentemente empossado na Academia Brasileira de Letras:

"Num mundo onde não houvesse livros, eu não gostaria de existir."

XII CURIOSIDADES • SE NÃO SABIA, Fique sabendo!

Este trabalho literário do Professor Carlos Bezerra Cavalcanti, meu ex-aluno de Direito Constitucional, é uma verdadeira avalanche de informações cognitivas onde ele, numa visão cosmopolita, desvenda curiosidades sobre fatos e feitos ocorridos nos quatro cantos do mundo e que, embora, ainda façam parte de nosso dia-a-dia, dificilmente são abordados em outras monografias, mesmo sendo de alto significado, principalmente por elucidarem o "porquê" do "por quê?", ou seja, aqueles assuntos sobre os quais muitos perguntam e poucos respondem, como as origens dos nomes, coisas e costumes onde se destacam: a Imprensa; a Abreugrafia; os Dias dos Pais e das Mães; o Primeiro de Abril; a Árvore de Natal, o Ovo de Colombo; Papai Noel; os Jogos Olímpicos, de Xadrez e de Bilhar; a Numeração dos Sapatos; o Prêmio Nobel; o Oscar; as Torres Eiffel e de Pisa; a Estátua da Liberdade; a Muralha da China; os Jardins da Babilônia; o Vaticano; a Lei da Relatividade, a Missa do Galo, e de termos como: "Sem eira nem beira", "Bate na madeira", "Santo do pau oco", "Olha o passarinho", "Boi de piranha", a origem da Continência, da Fogueira de São João, do Relógio de Pulso, do Hambúrguer e inúmeras outras curiosidades.

Nas sucessivas etapas de minha vida, a começar pela infância, em Bananeiras na Paraíba, onde nasci; nas bancas escolares; na Faculdade de Direito; nos diversos Cursos de Extensão Universitária; no Poder Judiciário, do qual aposentei-me como Desembargador, e na Maçonaria, onde fui conduzido a Grão Mestre, sempre cavalguei, em minha trilha, ao galope de horas diuturnas dedicadas às letras e ao aperfeiçoamento cultural, e hoje, graças a essa dedicação e ao Criador Supremo do Universo, posso conviver, simbioticamente, na defesa da cultura e da qualidade de vida de meus semelhantes, sob a égide da Maçonaria, uma Instituição que visa, antes de tudo, o amor a verdade, a melhora da moral e do material e o aperfeiçoamento intelectual e social da humanidade.

Recife, 15 de setembro de 2006.
Des. Manuel Alves da Rocha

Introdução

Como bem frisou o Padre Antônio Vieira, orador português do século XVII, o livro é:

Um mudo que fala
Um surdo que responde
Um cego que guia
E um morto que vive.

Este nosso trabalho literário, pela abrangência de seus mais de cem tópicos e o grande cabedal de informações nele contido, é um pouco de tudo isso que, sabiamente, lembrou aquele eminente orador e, por essa razão, acaba por regalar ao leitor, que valoriza o conhecimento cognitivo e prioriza a cultura dos acontecimentos históricos, a consciência de que é no passado que se explica o presente e se condiciona o futuro.

XVI CURIOSIDADES • SE NÃO SABIA, Fique sabendo!

No final da elaboração deste livro, temos como principal objetivo, a partir do momento em que ele estiver à disposição do leitor, inverter o seu princípio e, assim, em vez de "O que muitos perguntam e poucos respondem" podermos dizer: "O que poucos perguntam e muitos respondem", pois seu principal objetivo é esclarecer dúvidas e desvendar curiosidades que o tempo, por sua grandeza e persistência, teima em camuflar.

Os assuntos aqui abordados são muito diversificados e, por isso, resolvemos subdividi-los em duas partes:

A PRIMEIRA abrange as curiosidades que têm origem ou vinculação com o Brasil, como: a pinga, o brigadeiro (bolinho de festa), a favela o forró, o santo do pau oco, sem eira nem beira, o Cristo Redentor, abrolhos, para inglês ver, baitola, boi de piranha, o bonde, abreugrafia, jogo de bicho e muitos outros.

A SEGUNDA, bem mais robusta, trata daquelas curiosidades ocorridas no âmbito internacional, como: a árvore de Natal, a vacina, o banco, o bar, o bilhar, o calendário, a cesariana, o chocolate, a continência, a fogueira de São João, Papai Noel, o relógio, as olimpíadas, o aperto de mão, ovo de Páscoa, o telégrafo, os aplausos, o jogo de xadrez, os tamanhos dos sapatos, a lei da relatividade, o calendário, o sorvete, o chocolate, o hambúrguer, árvore de natal, o jogo de bilhar, o jogo de xadrez, o boicote, o ostracismo, a sinceridade, a sabotagem, o Carnaval, a maçonaria, o primeiro de abril,

Dia dos Pais e das Mães, a tatuagem, olha o passarinho, esnobe, o prêmio Nobel etc.

Na fase de elaboração deste trabalho, muitas vezes tivemos que nos valer de informações verbais, porém, como não poderia ser diferente, procuramos nos respaldar em outras informações- às vezes também verbais, porém que dessem mais consistência e credibilidade aos dados iniciais.

No decorrer das pesquisas e mesmo durante a redação, haja vista, inclusive, a grande variedade dos assuntos, procuramos conciliar dois aspectos: o lúdico e o informativo, sintetizando o mais possível. Afinal, os tópicos por nós escolhidos e dissertados são, por assim dizer, na linguagem atual: uma *overdose* de saber.

Recife, 2 de junho de 2006.
O autor

Parte I

Curiosidades Nacionais

Part 1

Curiosidades
Nacionais

Abreugrafia

Manuel de Abreu, médico brasileiro, foi o responsável pela criação da "fluo grafia", depois chamada, em sua homenagem, "abreugrafia". O fato aconteceu em 1936, e o método serviu para diagnosticar, precocemente, a tuberculose. Inicialmente, a abreugrafia era destinada, apenas, para detectar a tuberculose pulmonar. Com o tempo, no entanto, seu campo de ação estendeu-se consideravelmente, passando a ser utilizada para a descoberta de lesões no coração, dos grandes vasos e de tumores intratoráxicos.

Abrolhos

O Arquipélago dos Abrolhos, localizado a várias milhas do litoral brasileiro, à altura da costa baiana, foi responsável por vários naufrágios, sendo por este motivo causa de muita preocupação e esmero dos navegantes que singravam com freqüência aqueles mares do sul. Assim, ao trafegarem aquelas águas meridionais do Atlântico, mais precisamente pelo desconhecido "Mar tenebroso", eles costumavam recomendar à tripulação, ao chegarem às imediações daquele arquipélago: "atenção com os rochedos, eles são muito perigosos, abram os olhos".

Por essa razão, esse arquipélago passou a se chamar, com muita propriedade, de: "Abrolhos".

Curiosidades Nacionais

Baitola

Baitola. É assim que o cearense e, hoje, grande parte do Brasil, chamam o homossexual masculino. O nome o teve origem no tempo dos ingleses da "Great Western". Durante a construção de estradas de ferro, no Ceará, um dos engenheiros britânicos, de trejeito afeminado, recomendava sempre o tamanho certo da bitola, distância padrão entre os trilhos da via férrea; porém, por não falar direito o português, pronunciava: **baitola**. Desta forma, esse nome foi associado à sua figura e ao seu "jeitão".

Bandeira Nacional

Instituído em 19 de novembro de 1889 (Dia da Bandeira), o Pavilhão Nacional possui, atualmente, 27 estrelas, que correspondem aos 26 Estados e ao Distrito Federal. O posicionamento desses astros corresponde ao mapa estelar do céu do Rio de Janeiro, precisamente às 08h30min horas do dia 15 de Novembro, no exato momento em que foi Proclamada a República Brasileira.Cada estrela, ali representada, representa uma Unidade da Federação e ao Distrito Federal, como vimos. O fato mais interessante

8 CURIOSIDADES • SE NÃO SABIA, Fique sabendo!

disso tudo é que a estrela solitária, posicionada acima da faixa branca, com os dizeres em letras verdes "ORDEM E PROGRESSO", não significa o Distrito Federal, como muita gente pensa, e sim o estado do Pará, homenagem à antiga Capitania do Grão-Pará, a única a possuir terras acima da Linha do Equador.

Boi de Piranha

As bacias fluviais do Norte e Centro-Oeste do Brasil possuem, nos leitos de seus rios, grande quantidade de piranhas. Assim, os boiadeiros, com seus rebanhos vindos de terras firmes e tendo que atravessar as áreas entrecortadas por esses rios, dizem logo: "boi magro

Boi magro vai na frente.

vai na frente", e utilizam tal artifício para salvar a grande maioria de seus animais: colocam na frente da boiada as reses mais fracas e magras, para que o restante possa atravessar sem ser atingido por aqueles peixes vorazes e insaciáveis. Associado a esse fato, o termo " boi de piranha" é usado para fazer alusão àquela pessoa que é prejudicada ou "sacrificada" em nome de outras a quem verdadeiramente caberia o castigo.

Bonde

No início do século passado, os ingleses começaram a implantar, nas principais cidades brasileiras de então (Rio de Janeiro, Recife, São Paulo e Salvador), um meio de transporte que viria a substituir os ônibus de tração animal e as maxambombas (espécie de trens urbanos). Esse novo tipo de transporte corria sobre trilhos e era movido à eletricidade, chamado, na Europa, "trolebus", porém, como os ingleses começaram a negociar apólices da companhia que explorava o serviço e colocavam a figura do "teleférico" no cabeçalho das ações, com a palavra escrita logo abaixo, "BOND" (bônus) os brasileiros associaram a figura do "teleférico" ao nome "Bond". E o novo meio de transporte foi batizado, no Brasil, como BONDE.

Brigadeiro

Quem saboreia o gostoso bolinho de chocolate, coberto de miçangas, nas festas e coquetéis, não pode imaginar que o nome dessa iguaria teve sua origem há várias décadas, mais precisamente, em 1922, durante a Revolta do Forte de Copacabana, no Rio de Janeiro. Foi lá que se consolidou o "Tenentismo", quando o Tenente Eduardo Gomes perdeu um dos testículos, por ocasião da explosão de uma granada.

Vários anos depois, Eduardo Gomes, já Brigadeiro e muito famoso, candidato, principalmente da mulherada, a Presidente da República, era, também, motivo de algumas brincadeiras nas reuniões sociais, sendo a preferida delas era indagar onde estaria o testículo perdido no Forte de Copacabana:

"Onde está o ovo do brigadeiro?, Cadê o ovo do brigadeiro?" Certo dia, em plena festa, um gaiato, olhando para o bolinho de chocolate, exclamou: "Olha o ovo do brigadeiro!" O bolinho, então, a partir dessa data, passou a chamar-se BRIGADEIRO.

Bolinhos de chocolate (brigadeiros).

Cristo Redentor

"Cristo Redentor, braços abertos sobre a Guanabara..." Estas palavras da música de Tom Jobim simbolizam o que o *Cristo* representa para a Cidade Maravilhosa: "A estátua está localizada a 710 metros acima do nível do mar, no topo do Corcovado e possui 30 metros de altu-

"Braços abertos sobre a Guanabara..."

ra, além de oito de pedestal. As obras de sua construção duraram cerca de cinco anos. Foi inaugurada em 12 de outubro de 1931, pelo cardeal Dom Sebastião Leme e pelo Presidente Getúlio Vargas. Seu projeto é do arquiteto Heitor da Silva Costa."

Favelas

Conjuntos de habitações populares, de precárias condições, que surgiram principalmente no Rio de Janeiro, no final do século XIX.

O nome desses núcleos de toscas moradias da baixa camada social, cobertas em sua maioria por zinco ou mesmo papelão, surgiu, no entanto, da analogia feita pelos soldados cariocas que haviam participado da Guerra de Canudos, no sertão baiano, com os aglomerados de casebres dos jagunços, seguidores de Antonio Conselheiro, no Morro da Favela, ali existente. Naquela área do Sertão, é muito comum a existência de favelas, um tipo de vegetal com muitos espinhos, que se assemelha à urtiga, embora de maior porte.

Casas simples, populares.

Feijoada

A mais brasileira de todas as refeições, a feijoada, tem características da senzala dos engenhos de açúcar. As partes menos desejadas do porco; pés, orelhas, rabo, tripas, morto para as refeições na casa grande, eram dadas aos escravos, que misturavam tudo ao feijão-preto, durante o cozimento, e, posteriormente, juntavam a farinha de mandioca.

Forró

Engano ledo e quedo esse de se atribuir a origem do nome "forró" a uma corruptela do termo inglês "for all" (para todos). Segundo versão muito difundida, foram ingleses da "Great Western", responsáveis pela implantação de vários serviços públicos no Brasil, que deram origem à palavra "forró"; ao verem o povão dançando, do lado de fora das suas festas, eles então exclamavam: "for all" (para todos).

De acordo com a matéria veiculada no *Jornal do Commercio* do Recife, de 6 de outubro de 1982, subscrita pelo jornalista José do Patrocínio, o primeiro a difundir a origem incorreta do nome "forró" foi Sivuca, seguido de outro sanfoneiro nordestino Luiz Gonzaga, com o agravo dessas revelações terem sido feitas em pleno programa de televisão, ao vivo, transmitido para um público de milhões de pessoas.

Os protestos de intelectuais, pesquisadores e até de alguns jornalistas, como Mister Eco do Rio de Janeiro, não foram suficientes para reverter a situação, e assim, como se diz, costumeiramente: "uma mentira, dita várias vezes, acaba sendo verdade". Essa afirmação tornou-se quase uma unanimidade na boca daqueles que se dizem conhecedores da etimologia.

Vários são os registros de folcloristas e de dicionaristas renomados, como Luís da Câmara Cascudo (Dicionário do Folclore Brasileiro), Sousa Bandeira e Pereira da Costa, entre outros, que defendem, de forma contundente e esclarecedora, a origem da palavra "forró" como sendo oriunda de "forrobodó", palavra de origem africana que significa: festa popular, arrasta-pé.

A Revista Alfinete. Nº. 13, de 1890, informa: "após a tal sessão houve um grande forrobodó".

Nelson de Sá e Tomé Cabral também citam forró e forrobodó sem nenhuma alusão a essa inventiva versão da origem inglesa.

Maria Farinha

A denominação do antigo povoado praieiro do litoral sul de Pernambuco deve-se à antiga proprietária das terras da localidade, Dona Maria Farinha, que acabou sendo também responsável pelo nome daquele pequeno caranguejo, amarelado, muito freqüente naquela área e em grande parte das praias brasileiras, onde é conhecido, popularmente, como: Maria Farinha.

Pão de Açúcar

Nos antigos engenhos bangüês, o resultado do caldo do melaço era posto para esfriar, no tendal, em formas especiais. Aquelas formas de metal, naquele estado, acabavam por formar o chamado "pão de açúcar", e, assim, tendo em vista a semelhança do famoso monte carioca, o povo passou a chamá-lo de Pão de Açúcar.

Para Inglês Ver

O bloqueio continental, decretado por Napoleão Bonaparte aos portos ingleses, fez com que a família real portuguesa, muito dependente da política econômica britânica, atendendo à sugestão da própria Inglaterra, fugisse para o Brasil.

Com a chegada de toda corte em nossa terra, os gastos para manter o grande contingente daqueles parasitas aumentaram consideravelmente. O Príncipe Regente, então, teve que lançar mão de um vultoso empréstimo. E quem emprestaria o dinheiro? A Inglaterra, é claro. No entanto, a ordem que os financistas receberam foi de fantasiar um livro caixa, encobrindo a real situação financeira do Brasil (Portugal). Ou seja, esse livro – espécie de caixa dois – era apenas **para o inglês ver.** Essa expressão é utilizada ainda hoje, quando se quer insinuar que o assunto não é sério, mas apenas figuração.

Pinga

Nos engenhos de açúcar, no período colonial, para que o melaço não ficasse embolado, era preciso que os escravos mexessem sem parar o caldo fervente da cana. Portanto, o mel grosso não poderia deixar de ser mexido por um minuto sequer. Num belo dia, alguns escravos de um determinado engenho se distraíram, pararam de mexer e o melaço embolou. Para ocultar o feito, esconderam do capataz o melaço embolado e, no outro dia, com um novo tacho de mel borbulhando no fogo, eles resolveram juntar o melaço do dia anterior. No entanto, o melaço tinha azedado e, ao evaporar-se

PARTE I Curiosidades Nacionais **25**

do fogo para o teto do engenho, virou álcool e começou a pingar no chão e nos rostos dos escravos. Aos poucos, os negros foram percebendo que o líquido caído do teto, além de ter um sabor diferente, dava-lhes mais ânimo e disposição para dançarem. Assim, os pingos caídos transformaram-se na gostosa "PINGA", consumida hoje em todo o Brasil e que já começa a conquistar o mundo.

Santo do Pau Oco

No período do ouro e das pedras preciosas no Brasil Colonial, várias eram as maneiras para contrabandear aquelas riquezas. Uma delas, e possivelmente a mais engenhosa para se burlar o fisco, era confeccionar santos com madeira do pau oco, posteriormente preenchidos com as preciosidades. Com o tempo, a expressão "santo do pau oco" passou a significar pessoa falsa, que finge ser o que não é.

Sem Eira Nem Beira

Esta expressão, usada para designar pessoas da classe baixa, tem sua origem bem remota. Nas antigas construções de casarões, palácios e até de igrejas, como se pode observar nos prédios remanescentes dessa época, era costume colocar, como ornamento, duas fileiras de telhas. No beiral, uma das fileiras se chamava eira, e a outra beira. Assim, as construções da classe rica eram diferentes das de classe pobre, "sem eira nem beira".

Contrastes sociais.

Parte II

Curiosidades Internacionais

Aliança de Casamento

Para os egípcios antigos, um círculo, não tendo início nem fim, significava a eternidade, e o casamento deveria durar para sempre. Milhares de anos mais tarde, os gregos descobriram os mistérios do magnetismo. Seus anéis eram de ferro imantado. Eles acreditavam que um ímã tinha o poder de atrair o coração humano, órgão que representa o amor. Por isso, tiveram a idéia de usar anéis após a celebração matrimonial, com a função de atrair o coração do companheiro, para sempre. O ímã, em formato de anel, era usado no dedo anular da mão, pois se acreditava que ali havia uma veia ligada diretamente ao coração. Esse costume passou, depois, aos romanos, e a Igreja manteve a tradição.

Amuleto X Talismã

"O amuleto é um objeto que oferece proteção mágica, usado para afastar as influências más. Desde dentes de animais, até pedras preciosas, podem ser amuleto. Já o talismã, além de proteger, tem o poder mágico que favorece a realização de inúmeros desejos."

Aperto de Mão

O aperto de mão, segundo informações contidas no livro (08) página 374 "...é um costume que teve origem nos duelos com espadas, na Idade Média. Os adversários, por exigências do regulamento, eram obrigados a fazer uma saudação especial. O cumprimento, antes do início da luta, era um abraço. Com medo de um golpe traiçoeiro, os rivais decidi‑

ram mudar o protocolo e trocaram o abraço pelo aperto de mão."

Aplausos

"Os aplausos existem há cerca de 3 mil anos. No princípio, era um gesto religioso, popularizado em rituais pagãos: o barulho deveria chamar a atenção dos deuses.

No teatro, era a forma pela qual os artistas pediam à platéia que invocassem os espíritos protetores das artes. O costume chegou à Roma pré-cristã, onde se tornou comum nos discursos populares." (08, p. 373)

Arquimedes

Eureka (achei)! Gritando esta palavra e correndo nu, pelas ruas de Siracusa, na atual Sicília (Itália), Arquimedes, famoso físico grego, acabava de descobrir a lei do empuxo: **"Todo o corpo mergulhado num fluido recebe uma impulsão, de baixo para cima, proporcional ao peso do volume do fluido deslocado".**

O princípio de Arquimedes, embora muito antigo (300 anos antes de Cristo), foi bastante

O grande físico, trabalhando.

36   CURIOSIDADES • SE NÃO SABIA, Fique sabendo!

utilizado nos tempos modernos, como na imersão e submersão dos submarinos e na navegação aérea. Foi ele quem estudou cientificamente as leis da polêmica da alavanca. Conseguindo resolver o maior problema que preocupava o Rei Heiron- levar, até a água, um pesado barco que mandara construir-, Arquimedes, cheio de entusiasmo, exclamou diante do monarca: "Dê-me uma alavanca e um ponto de apoio, no espaço, que eu moverei o,mundo."

A Maçã de Newton

Na realidade, a maçã que teria caído na cabeça do grande físico inglês, Isaac Newton, quando esse descansava em um parque londrino e que seria responsável pela descoberta da lei da gravitação universal por aquele cientista nunca existiu, mas a lei, sim: "Os corpos se atraem na razão direta de suas massas e na razão inversa do quadrado de suas distâncias". Isaac Newton foi um dos poucos sábios a ter sucesso social e financeiro, pois, além de receber o título de "Sir", ficou rico, negociando com ações na Bolsa de Londres.

O sábio que soube ser nobre e rico.

Arroz nos Noivos

A tradição teve origem na China, onde o arroz é símbolo de fertilidade, há mais de 2 mil anos. Um poderoso mandarim quis dar prova de vida farta a sua filha e fez com que o casamento dela se realizasse embaixo de uma chuva desse cereal.

Árvore de Natal

A árvore de Natal vem da Idade Antiga. Deve-se a idéia a um sacerdote natural da Alçácia, na Ásia Menor. O criativo pároco costumava dividir entre os pobres da sua freguesia roupas, alimentos e dinheiro, que, pacientemente, ia juntando durante o ano. Um dia, teve a iniciativa de pendurar nos galhos de uma árvore perto da igreja os pacotes contendo os presentes.

Banco

No início da chamada "Revolução Comercial", com o surgimento da moeda e, conseqüentemente, do Capitalismo, os comerciantes passaram a se reunir, a fim de exercerem suas atividades nos pátios das cidades (burgos), dando início a uma nova classe social, chamada, posteriormente, de "burguesia".

Os capitalistas iam, então, para os pátios das cidades negociar moedas e realizar empréstimos, utilizando, para isso, os bancos das feiras livres. Essa atividade financeira (bancária) evoluiu muito e, com o tempo, passou a ocupar grandes instalações em todo o mundo. Seu nome, no entanto, continuou fiel ao velho "banco" de feira.

Os bancos de feira (início do Capitalismo).

Bar

A palavra "BAR" é originária da Inglaterra e significa uma espécie de lugar obrigatório de encontro, ponto de parada, assim como "PUB", que também é de origem britânica e é o resultado da abreviação de "PUBLIC" (público) — de todos, onde todos se reúnem. Da balaustrada, ou da **barra**, que existe entre o balcão e os clientes, veio o nome "BAR". Muitos eventos e fatos importantes de uma cidade acontecem nos bares, que, por isso mesmo, são pontos de encontros obrigatórios para muitas pessoas.

PARTE II · Curiosidades Internacionais · 43

Bate na Madeira

"Esse costume começou há cerca de 4 mil anos, entre os índios da América do Norte. Eles perceberam que, apesar de sua imponência, o carvalho era a árvore mais atingida pelos raios. Concluíram portanto que o carvalho era a morada dos deuses na Terra. Toda a vez que se sentiam culpados de alguma coisa, batiam no tronco da árvore para chamar as divindades, e pedir perdão." (08, p. 368)

Big Ben

O conhecido e propalado relógio da capital inglesa foi construído durante a gestão de Sir Benjamin Hall, ministro de obras públicas da Inglaterra, nos idos de 1860. Por ser um sujeito de alta estatura, Ben, como era chamado pelos mais chegados, foi apelidado pelo povo londrino de "**BIG BEN**". Seu apelido, portanto, deu nome ao relógio.

Bilhar

Contam que o bilhar foi descoberto em Londres, por volta de 1560, e o responsável pelo surgimento desse jogo, hoje praticado em todo o mundo, foi um comerciante inglês, proprietário de uma loja de penhores. Willian Kev, nas horas vagas, se entretinha, jogando, sobre o balcão, três bolas, arremessadas com uma jarda (instrumento de medida, com 97,6 cm), e que hoje corresponde ao taco. Com o tempo, interessou-se pelo jogo e deu-lhe o nome dos instrumentos que dele faziam parte: as bolas (bills) e a jarda (yard) (billsyard). Por evolução fonética, veio até nós o bilhar.

Biquíni

Sua criação é atribuída ao costureiro francês Louis Reard, lançada em Saint-Tropez, balneário do sul da França, em 6 de julho de 1946, quando é verão no hemisfério norte. O maior de duas peças ficou famoso e passou a ter uso obrigatório nas praias de todo o mundo.

"Chamado de pornográfico pelo dramaturgo Nelson Rodrigues, como nos lembra o jornalista Duda Guennes, o biquíni chegou a ser proibido no Brasil, em 1961, pelo Presidente Jânio Quadros.

Mas, com garotas-propagandas do porte de Marilyn Monroe, Brigitte Bardot e Ava Gardner – sem falar em Leila Diniz, no Brasil –, o sucesso era inevitável. A polêmica ajudou, e muito, a popularidade.

...Não por acaso passou a se chamar bikini (originalmente, com k), exatamente o mesmo nome de um atol nas Ilhas Marshall, no Pacífico Sul, onde os Esta-

Curiosidades Internacionais

dos Unidos realizavam testes nucleares. O costureiro Louis Reard garantiu que pensou apenas no romântico do famoso atol ao batizar a invenção". (Revista do JC ANO 1. nº49)

Blazer

"No barco inglês H.M.S. Blazer, o capitão fazia questão que seus marinheiros usassem japonas azuis, com botões de metal". Esse fato originou o conhecido "BLAZER" de nossos dias.

Boicote

"O capitão Charles Cunningham Boycott (1832-1897), capataz de ricas propriedades na Irlanda, era muito exigente. Seu trabalho era expulsar os arrendatários que não estivessem em dia com o pagamento dos impostos da terra ocupada. Em represália, os prejudicados induziram seus vizinhos a desobedecerem às ordens de Boycott". Assim se originou o termo boicotar, usado em várias partes do mundo.

Botões

O botão de lapela data da época em que o Príncipe Albert foi noivo da Rainha Vitória, da Inglaterra. Conta-se que, havendo ela oferecido um ramalhete ao seu futuro consorte, ele, num gesto de galanteria, tirou o canivete do bolso e abriu uma casa na lapela. No dia seguinte, os alfaiates londrinos começaram a fazer lapelas caseadas, lançando a moda que chegou aos nossos dias.

Antigamente, os botões que enfeitam as mangas dos paletós usavam-se acima do cotovelo. Foi Frederico, O Grande, quem fez a alteração até hoje em vigor. Para punir seus soldados, mandou descer os botões dos uniformes, evitando que eles limpassem a boca ou o nariz com as mangas então desguarnecidas.

Calendário

O primeiro calendário utilizado na humanidade foi estabelecido por Rômulo, irmão de Remo (aos quais se atribuem a fundação do Império Romano), em 753 antes de Cristo. O calendário atual, no entanto, foi instituído em 1582, pelo Papa Gregório XIII, sendo por este motivo chamado "Calendário Gregoriano".

Porém, Júlio César e Augusto, Imperadores de Roma, foram tão poderosos que conseguiram modificar o próprio calendário. Antes destes monarcas, que eram verdadeiros "deuses", o ano possuía apenas dez meses. Até então, os últimos meses eram: setembro (sétimo), outubro (oitavo), novembro (nono) e dezembro (décimo). No entanto, com a introdução dos meses julho, por causa de Júlio César, e agosto, em louvor a Augusto César, os quatro últimos sofreram alterações: setembro (nono), outubro (décimo), novembro (décimo

52 CURIOSIDADES • SE NÃO SABIA, Fique sabendo!

primeiro) e dezembro. Não satisfeitos, esses imperadores, cada um a seu tempo, exigiu que seus meses, mesmo seguidos um do outro, tivessem 31 dias. Já o nome "Calendário" vem da palavra "Calenda", o primeiro dia mais importante de cada mês.

Calígula

Calígula era o cognome do famoso Imperador romano, Caio César Augustus Germânio (o nome Calígula é o diminutivo de cáliga, sandália). O apelido foi inspirado no fato de o Imperador só andar de sandálias. Calígula nasceu em Autim, no ano 12 da era cristã, e reinou por 4 anos (37 a 41 d.C.).

Foram inúmeras as suas crueldades. Chegava a desejar que o povo romano tivesse só uma cabeça, para poder decepá-la de um só golpe.

Carnaval

"Contam que o Carnaval surgiu no Egito, vinte séculos antes de Cristo. Foi inspirado em rituais das festas de Isis e do Boi Apis (deuses sagrados dos egípcios, na Antigüidade). Tais festas se realizavam desde a mais remota antigüidade e eram celebradas em certas datas do ano religioso.

Na Grécia, séculos depois, esses festejos se generalizaram e eram praticados não em templos, mas em praças públicas, simbolizando a alegria das elites gregas. De Atenas, de onde a festa chegou e passou a empolgar a aristocracia, foi o Carnaval levado para Roma.

Nas Gálias, tais foram os abusos, que o Imperador romano condenou, por longo tempo, o carnaval.

Na Idade Média, reaparece o Carnaval, agora em Veneza, Turim e Nice, onde era festejado em delirantes manifestações de alegria e de excitação popular.

No começo do Cristianismo, a Igreja procurou dar novo espírito a essas atividades punindo com rigor os que nela se excediam.

Os bailes de máscaras datam da corte de Carlos IV Foi esse monarca quem o criou, fazendo com que todas as damas ocultassem os rostos, a fim de serem escolhidas pelos cavalheiros..."

Carrasco

Belchior Nunes Carrasco ficou famoso exercendo a função de algoz nas prisões de Lisboa do século XVII, e, sem querer, deu seu nome ao encarregados de cumprir as execuções das penas capitais em Portugal e no Brasil.

Cesariana

A Nero, Lúcio Domício **Nero** Cláudio, um dos Césares mais difundidos pela historia universal (54 a 68 d.C.) são atribuídos feitos verdadeiramente surpreendentes, como o incêndio da capital de seu império, o assassinato de suas duas esposas e de sua própria mãe. No caso de sua genitora, o alucinado imperador abriu-lhe o ventre para verificar de onde ele tinha vindo ao nascer. Por esse motivo, chama-se "cesariana" o parto artificial realizado através de cirurgia para a retirada do feto do útero materno. A primeira operação cesariana ocorrida no país aconteceu no Hospital Militar do Recife, em 1817, e foi realizada pelo pernambucano Dr. Correia Picanço, médico da família real, que veio para o Brasil em 1808.

Champagne

Vinho branco, espumante, do sudoeste da França, região de "Champagne", de onde herdou o nome, essa deliciosa bebida está presente em praticamente todas as comemorações do mundo atual: corridas de fórmula um, casamentos, formaturas, ano-novo e até na inauguração de grandes barcos e navios. Porém, nem sempre foi assim. "No tempo dos *vikings*, (século VII) eles sacrificavam seres humanos dentro dos próprios barcos e faziam o batismo com o sangue das vítimas. Julgavam que, dessa maneira, os espíritos das pessoas assassinadas protegeriam a embarcação." (08)

Chocolate

Essa gostosa guloseima era produzida pelos astecas partir das favas do fruto do cacaueiro, natural da América pré-Colombiana. Seu nome nativo era "thocolatl". O nosso chocolate veio para o Novo Mundo após o retorno de Colombo e é, hoje, mundialmente conhecido e saboreado.

Ciganos

A palavra cigano quer dizer intocável. Ela é de origem grega (athinganai), que se transformou em "atsigane" e "tsigane". Na Espanha, seu nome é gitano porque ali se acredita que a origem desse povo nômade, que se distribuiu por quase todo o globo terrestre, é egípcia e gitano vem de egitano.

Coca-Cola

"Em maio de 1886 na cidade de Atlanta, Estados Unidos, o farmacêutico John S. Penterton, estava preocupado em acabar com a ânsia de vômitos de alguns clientes. Entregou a receita de preparado à Jacob's Pharmacy, onde esse foi misturado com água carbonatada. Foi assim que se chegou à fórmula da Coca-Cola. A princípio, o concentrado era embalado em barris de madeira, de cor vermelha. Por isso o vermelho foi adotado como a cor oficial da bebida. A Coca-Cola chegou ao Brasil em 1942, em plena II Guerra Mundial, e a sua rival Pepsi, anos depois (1953), quando inaugurou uma fábrica em Porto Alegre."

Coliseu

Sua construção foi iniciada pelo Imperador Vespasiano e concluída por seu filho, Tito, também soberano de Roma. Veio a ser conhecido como "Coliseu" (colossuem, em latim), por seu tamanho colossal.

"Durante séculos sucederam-se em sua arena cenas extremamente cruéis: milhares e milhares de homens e mulheres foram massacrados sob os olhares satisfeitos da assistência: grande número de cristãos foram submetidos aos gladiadores e às feras. Estes espetáculos só cessaram totalmente em 404, quando foram proibidos pelo Imperador Honório.

Pouco a pouco o Coliseu foi abandonado e, depois, transformado em uma fortaleza. A parte superior foi danificada e reparada numerosas vezes. Vários incêndios causaram-lhes grandes estragos. Mas nenhuma danificação natural lhe foi comparada à que lhe impôs o homem. Muitas construções foram feitas com parte de seu material: o Palácio de Veneza, a Chancelaria, algumas dependências da Basílica de São Pedro, o Palácio Barberini. Apesar disso, o que resta do Coliseu é, ainda hoje, majestoso e imponente. Possantes arcos, vigamentos, colunas e escadarias dão-lhe impressão de grandiosidade e força". Este monumento é considerado, por tudo isso, uma das Sete Maravilhas do Mundo.

O colossal Coliseu.

Continência

Duas vertentes tentam explicar a origem desse cumprimento, tipicamente militar:

A primeira diz que durante uma visita da Rainha Vitória a um navio da Real Marinha Britânica, os marujos foram orientados pelos seus comandantes a elevar a mão à testa, como se estivem protegendo os olhos dos raios de beleza daquela soberana que, diga-se de passagem, nada tinha de bela.

A segunda, e para nós mais convincente, defende a versão de que, durante a Idade Média, os cavaleiros, ao se posicionarem para os confrontos nas "justas", ficavam frente a frente e levantavam o visor do elmo para se identificarem mutuamente.

De Cor e Salteado

Esta expressão, muito usada pelos brasileiros, reflete, na realidade, uma crença muito antiga: é que, sem os conhecimentos científicos de hoje, a sociedade e o povo em geral achavam que seus pensamentos e sentimentos vinham do coração, e não do cérebro. Daí serem comuns afirmações como: "Eu sei a matéria de **cor (gravado na memória)** e salteado", ou seja, dando saltos, sem seguir a ordem..."Decorei todo o assunto ou,ainda: Você é meu amor do coração". Aliás, o coração, por esse mesmo motivo, é o símbolo do amor.

Dia da Mentira (1º de abril)

Segundo uma versão : "...a brincadeira surgiu na França. Até o começo do século XVI, o Ano novo era festejado a partir de 25 de março, data que marcava a chegada da primavera. As festas duravam uma semana e terminavam no dia primeiro de abril. Em 1564, depois da adoção do calendário gregoriano, o Rei Carlos IX determinou que o ano novo fosse comemorado no dia primeiro de janeiro. Alguns franceses resistiram à mudança e quiseram manter a tradição. Só que os gozadores passaram a ridicularizar os conservadores, enviando presentes esquisitos e convites para festas que não existiam." (08)

Dia das Mães

Uma jovem americana, Annie Jerwis, perdeu sua mãe e entrou em completa depressão. Preocupadas com aquele sofrimento, algumas de suas amigas tiveram a idéia de perpetuar a memória da mãe de Annie, com uma festa. Annie quis que a homenagem fosse estendida a todas as mães, vivas ou mortas. Em pouco tempo, a comemoração se alastrou por todo o país e, em 1914, sua data (9 de maio), foi oficializada pelo Presidente dos EUA, Woodraw Wilson. No Brasil, o Dia das Mães é celebrado no segundo domingo de maio, conforme decreto assinado pelo então presidente da República, Getúlio Vargas.

Dia dos Pais

A idéia nasceu na antiga Babilônia, há mais de 4 mil anos. Um jovem chamado Elmesu moldou e esculpiu, em argila, o primeiro cartão. Desejava sorte, saúde e longa vida a seu pai.

Nos Estados Unidos, Sonora Luise resolveu criar o Dia dos Pais, em 1909, motivada pela admiração que sentia pelo seu pai, John Bruce Dodd. O interesse pela data difundiu-se da cidade de Spokane para todo o estado de Washigton e, daí, tornou-se uma festa nacional.

No Brasil o dia é comemorado no segundo domingo de agosto.

Direita x Esquerda

Os partidos políticos que atuam contra o governo são considerados de esquerda, ou seja, da oposição, e os favoráveis, de direita, ou da situação. Esse fato teve origem no final da Idade Média, quando o parlamento francês tinha três Estados: a Nobreza, o Clero e a Burguesia. Os primeiro e segundo estados, que apoiavam o Rei, sentavam-se seu ao lado direito e a burguesia (o povo), ao seu lado esquerdo.

Dominó

"O dominó surgiu na China. Sua criação é atribuída a um soldado chamado Hung Ming, que viveu de 243 a.C. a 181 a.C. O nome, provavelmente, deriva da expressão latina **domino gratias**, que significa graças a Deus, dita pelos padres europeus enquanto jogavam". (08, pág. 216)

Esnobe

Sem nobreza, ou melhor, "SIN-NOBILLIS". Esta expressão deu origem ao termo **esnobe**, pessoa que quer se sobressair, se destacar. Tudo começou nos castelos medievais europeus, por ocasião de grande festejos, quando a nobreza sempre se fazia presente, e, ao adentrar, aos salões tinha seu título e respectivos nome anunciados pelos mestres-salas, que, após baterem com seus cajados no chão, diziam: Conde fulano de tal, Visconde..., Barão..., Lorde... No entanto, a essas festas não deixavam de comparecer aqueles que não tinham título de nobreza. Nesses casos, os mestres-salas recebiam do cerimonial um papel escrito: "SIN-NOBILLIS", depois abreviado para (S-NOB).

Estátua da Liberdade

Presente do povo francês em homenagem ao centenário da Independência dos Estados Unidos da América, a Estátua da Liberdade, símbolo da democracia mundial, está localizada próximo ao porto de Nova Iorque. Com 45,3 metros, é a estátua mais alta do mundo. Foi desenhada por Frédéric August Barthold (1834-1904), que usou sua mãe como modelo. Na construção deste belo monumento, Barthold foi auxiliado pelo seu colega francês, Louis Leger Vuthier, que viveu alguns anos no Recife, onde projetou, além de outras obras, o Teatro de Santa Isabel e o Mercado de São José.

Parte II Curiosidades Internacionais **73**

Presente francês para a democracia mundial.

Estrogonofe

"Os soldados russos costumavam transportar pedaços de carne em barris, usando sal grosso e aguardente, como conservante. Para preparar a refeição eles juntavam cebola à carne. No reinado de Pedro, o grande (1672-1725), o prato foi aperfeiçoado por um cozinheiro chamado "Strognov", que passou a usar também o creme de leite e a comida acabou sendo batizada com o seu nome".

Evolução das Espécies

Charles Darwin (1809-1882), em viagem no navio "Beagle", que durou cerca de cinco anos, de dezembro de 1831 a outubro de 1836, explorou as terras dos mares do sul, principalmente o Arquipélago das Galápagos, e deu grande contribuição à Ciência, com sua Teoria da Evolução das Espécies, estabelecendo o princípio através do qual "Qualquer espécie animal, inclusive, o homem, evolui através de forma mais simples, ou como resultado da necessidade de melhor adaptação ao seu ambiente."

Charles Darwin:
a evolução das espécies.

Ferradura da Sorte

"Por ser feita de ferro, um metal considerado pelos gregos, no século IV, como protetor contra o mal, a ferradura é, até hoje, considerada um símbolo da sorte, por isso a tradição manda colocar uma ferradura no alto da porta, sempre com as pontas para cima. Sua forma lembra uma lua crescente, símbolo de fertilidade e prosperidade." (08, p.368)

Fogueira de São João

Antes da Era Cristã, na Região da Palestina, após o nascimento do primeiro filho (primogênito), era costume acender uma fogueira para avisar à vizinhança o grande acontecimento. Assim, quando nasceu João Batista, aquele que, posteriormente, batizou Jesus Cristo nas águas do Rio Jordão, foi acesa uma fogueira para cumprir o ritual. No Brasil, e principalmente na Região Nordeste, onde esse santo é muito cultuado, as fogueiras são acesas para saudar o nascimento de São João do carneirinho. É importante frisar que as palavras **batismo... e batizado** derivam de São João **Batista**.

Freud (O Pai da Psicanálise)

"Judeu e pobre,... nascia na Moravia, antiga República Tcheca, em 6 de maio de 1856, o futuro pai da psicanálise, Sigmund Freud. Aos quatro anos de idade, Freud se mudou, com toda a família, para Viena, capital da Áustria e nessa cidade, no final do século XIX, perante uma platéia de médicos, demonstra sua teoria sobre a sexualidade infantil. Imbuídos dos preconceitos da época, os ouvintes não admitem que as reações infantis tenham ligações com sexo e, após violenta discussão com o orador, saem indignados.

Realmente, poucos personagens do mundo científico suscitam tão acirrada polêmica quanto Sigmund Freud, estudioso dos sonhos e criador da psicanálise."

Genética

"Nos jardins de um convento agostiniano, na Áustria, o abade Gregor Johann Mendel plantou ervilhas e estudou, pacientemente, os resultados obtidos com o cruzamento de diversas variedades. Desse modo, Mendel descobriu leis que governavam a hereditariedade e as publicou num livro: *Pesquisas sobre as plantas híbridas*, lançando, assim, a sua teoria sobre a existência de caracteres dominantes e recessivos." (Enciclopédia Conhecer. Vol. X, pág., 2517)

Gilete

O americano Charles Gillette estava com 32 anos quando parou diante de uma barbearia, em Chicago, e vivenciou o problema da freguesia esperando em grande fila para fazer a barba e sofrer com a navalha nem sempre amolada dos barbeiros. Após muito trabalho, conseguiu criar uma lâmina de barbear que diminuiu, em muito, o tempo e o sofrimento dos barbados.

Grifar

Grifar é destacar no texto uma palavra ou mesmo uma frase. A origem do termo, segundo Márcio Cotrim, "vem de um impressor alemão chamado Sebastiam Gryphe, que inventou a moda na cidade de Lyon, na França, em 1859. Seu sobrenome também originou a palavra grife, que se refere à marca de prestígio no mercado."

Guarda-chuva

Na Mesopotâmia, região da antiga Pérsia, atual Iraque, artefatos de folhas de palmeiras, plumas ou papiro protegiam a cabeça do rei contra o sol. Isso há três mil e quatrocentos anos atrás. Raramente chovia por ali. Só em 1786 é que os ingleses começaram a sair às ruas com guarda-chuva.

Guilhotina

"Foi uma espécie de homenagem ao médico e deputado Joseph Guilliotin (1738-1714). Mas não foi ele o inventor desse terrível aparelho de cortar cabeça, usado muitos séculos antes. Guiliotin, na realidade, apenas sugeriu sua volta na Revolução Francesa como eficiente método de execução humana. O aparelho serviu para decapitar 2.794 'inimigos da revolução', em Paris." (08)

Hambúrguer

Foram os antigos povos nômades, que viviam na região da atual Rússia, os responsáveis pelo surgimento do tipo de alimentação hoje conhecida como "hambúrguer". É que esses povos tribais costumavam levar carne crua debaixo das celas para amaciá-la. O nome atual desse alimento, talvez pela sua difusão, é o mesmo da cidade alemã.

Das estepes russas para o mundo.

Idade Média
(sujeira em alta)

Segundo informações de Conde Cagliostro, ao se visitar o Palácio de Versalhes, em Paris, observa-se que o suntuoso não tem banheiro.

Na Idade Média, não existiam escovas de dente, perfumes, desodorantes e, muito menos, papel higiênico. As excrescências humanas eram despejadas pelas janelas do palácio...

Banho? Coisa muito rara.

86 CURIOSIDADES • SE NÃO SABIA, Fique sabendo!

Em dia de festa, a cozinha conseguia preparar banquetes para 1.500 pessoas, sem a mínima higiene.

Vemos nos filmes as pessoas da época sendo abanadas. A explicação não está no calor, mas no mau cheiro que exalava por debaixo das saias.

Nos tempos medievais, também não havia o costume de se tomar banho, devido ao frio e à quase inexistência de água encanada.

Nessa época, a maioria dos casamentos ocorria no mês de junho, porque o primeiro banho do ano era tomado em maio, por ser próximo ao início do verão, na Europa. Os casamentos se realizavam um mês depois, em junho. Entretanto, como alguns odores já começavam a incomodar, as noivas carregavam buquês de flores, junto ao corpo, para disfarçar o mau cheiro."

Índios

Um erro gerou um equívoco, ou seja, um engano do descobridor Cristóvão Colombo, que chegou à América em 12 de outubro de 1492. Pensando ter descoberto o caminho das Índias pelo ocidente, denominou de "índios" os habitantes das terras descobertas.

Com o passar do tempo, as pessoas continuaram a chamar os nativos da localidade de "índios" e, hoje, todos os povos pré-colombiano que habitam o continente (posteriormente chamado América), em homenagem ao explorador Américo Vespúcio, são conhecidos como "índios".

CURIOSIDADES • SE NÃO SABIA, Fique sabendo!

Erro de Colombo dá nome ao povo americano.

Israel

"Ano 70 da nossa era, os romanos destroem Jerusalém, provocando a diáspora, isto é, a dispersão dos judeus pelo mundo.

Ano de 1948, David Ben Gurian lê a declaração em que proclama o novo Estado de Israel, a Pátria dos Judeus. E é assim que uma das mais antigas nações habita hoje um dos mais novos Estados do mundo.

Os judeus espalharam-se por muitos lugares, viveram em Alexandria, na Península Ibérica, Holanda, França, Polônia, Rússia, Alemanha e em muitos outros países. Acreditando sempre que um dia voltariam para a Palestina, iam trocando de país, quando as perseguições se tornavam intoleráveis, jamais deixando de manter o espírito nacional. A Nação permaneceu viva, ainda que sem território.

90   CURIOSIDADES • SE NÃO SABIA, Fique sabendo!

"Shaná flabá be Yerusshalain — o ano próximo em Jerusalém — foi a prece que eles repetiram por milênios, uma legenda que acabou por converter-se na mais pura realidade." (Enciclopédia Conhecer, Vol. XXII, p. 2588).

Jardins da Babilônia

Nabucodonosor, poderoso rei da Babilônia, tinha verdadeira mania de grandeza (megalomania), e fez da capital de seu reinado a cidade mais rica do Oriente. Ergueu templos maravilhosos — alguns com estátuas de

Os jardins suspensos da Babilônia.

Nabucodonosor e a mania de grandeza.

92 CURIOSIDADES • SE NÃO SABIA, Fique sabendo!

ouro maciço —, gigantescos edifícios; tudo isso sem falar no palácio onde morava (sem dúvida, o mais suntuoso da história). **Os Jardins Suspensos**, desenhados sobre terraços elevados, cobertos de palmeiras e plantas raras, foram escolhidos como uma das sete maravilhas do mundo.

Jogo de Xadrez

Segundo informações contidas na pág. 166 do livro de Valmiro Rodrigues Vidal, Curiosidades: "...O jogo de xadrez teve origem no Ceilão, 3 mil anos antes de Cristo. No século V da era cristã, Siddharta Gautama (Buda) pregava contra o xadrez, na Índia, porque se praticava esse jogo nos dias religiosos, dedicados ao **sabath**.

Do rei ao peão, desde a Idade Antiga.

Os indus não apostavam apenas suas roupas em tais jogos, mas até parte de seu próprio corpo. Ao lado de cada tabuleiro havia um pote com ungüento fervente, de modo que um parceiro que apostasse um dedo pudesse cauterizar a ferida. Um historiador árabe, que narra tais coisas, diz que a perda dos dois braços até os cotovelos era o limite costumeiro.

Jogo do Bicho

É difundido popularmente em todo o Brasil, principalmente no Rio de Janeiro, onde foi criado, em 1888, pelo Barão de Drumonnd, para custear a manutenção do zoológico da antiga Capital. A escolha do jogo recai sobre 25 bichos, que vão do avestruz à vaca. Antes do anoitecer, havia um sorteio entre os visitantes do zoológico e quem tivesse o bilhete com a figura do bicho premiado receberia vinte vezes o valor da entrada.

Os bichos são:

01 – Avestruz	de 01 a 04
02 – Águia	de 05 a 08
03 – Burro	de 09 a 12
04 – Borboleta	de 13 a 16
05 – Cachorro	de 17 a 20
06 – Cabra	de 21 a 24
07 – Carneiro	de 25 a 28

08 – Camelo	de 29 a 32
09 – Cobra	de 33 a 36
10 – Coelho	de 37 a 40
11 – Cavalo	de 41 a 44
12 – Elefante	de 45 a 48
13 – Galo	de 49 a 52
14 – Gato	de 53 a 56
15 – Jacaré	de 57 a 60
16 – Leão	de 61 a 64
17 – Macaco	de 65 a 68
18 – Porco	de 69 a 72
19 – Pavão	de 73 a 76
20 – Peru	de 77 a 80
21 – Touro	de 81 a 84
22 – Tigre	de 85 a 88
23 – Urso	de 89 a 92
24 – Veado	de 93 a 96
25 – Vaca	de 97 a 00

Lágrimas de Crocodilo

"É uma expressão bastante usada para se referir a choro fingido. O crocodilo, quando ingere um alimento, faz forte pressão contra o céu da boca, comprimindo as glândulas lacrimais. Assim, chora quando devora a vítima."

Crocodilo do Nilo: é o maior da família dos Crocodilídeos.

Lavoisier

Este célebre químico francês, Lavoisier (1743-1794) foi o autor de uma das afirmações científicas mais conhecidas e, ao mesmo tempo, mais verdadeiras: "Na natureza, nada se perde, nada se cria, tudo se transforma."

Lei da Relatividade

Albert Einstein, eminente físico do século XX, nasceu em Ulm, Alemanha, em 1879, e faleceu nos Estados Unidos, em 1955. Esse sábio alemão, de origem judaica, foi quem formulou a Teoria da Relatividade, sem dúvida seu maior feito científico, por meio do qual concluiu que a energia é igual à matéria vezes a velocidade da luz ao quadrado ($E = mc2$). Baseado nessa teoria, certa vez afirmou: "Antigamente, se acreditava que se todas as coisas materiais desaparecessem do universo, restariam tempo e espaço. Hoje se sabe que o tempo e o espaço desapareceriam com todas as coisas."

Numa determinada ocasião, referindo-se a sua nacionalidade, ele, que, como vimos, era alemão de origem judaica e naturalizado americano, afirmou: "Como a lei da relatividade deu certo, em Israel dizem que sou judeu; na Alemanha, que sou germânico; e, nos Estados

Unidos, que sou cidadão do mundo. Se ela tivesse dado errado: Nos Estados Unidos, eu seria alemão; na Alemanha, eu seria judeu; e, em Israel, cidadão do mundo."

Einstein recebido nos Estados Unidos.

Leonardo Da Vinci

O maior gênio da Renascença.

Um dos maiores gênios da história da humanidade foi Leonardo Da Vinci, natural da localidade de Vinci, perto de Florença, atual Itália. Muito se destacou, principalmente, pela variedade dos campos da arte e das ciências em que atuou.

Pelo seu ecletismo cultural, fez conquistas e descobertas na engenharia, no urbanismo, na anatomia, na hidráulica, na mecânica e em outras áreas científicas, através de invenções mirabolantes. Porém, foi na pintura que, mais se notabilizou. Pintou poucos quadros, mas deixou verdadeiras obras raras, como a insuperável "Mona Lisa", considerado o quadro mais cobiçado do mundo.

Lobe

Nos Estados Unidos da segunda metade do século XIX, era comum os candidatos aos cargos eletivos viajarem em suas campanhas eleitorais e receberem chefes políticos com comitivas num vestíbulo dos hotéis, chamado "LOBBY". Era ali que os grupos visitantes faziam suas pressões políticas e reivindicavam benefícios para a sua região. O nome do "compartimento" foi associado ao "comportamento" e, atualmente, no mundo político, "LOBE" é sinônimo de barganha, obtenção de vantagens.

Lua-de-Mel

"Há duas versões para a origem da Lua-de-Mel: Na antiga Roma, o povo espalhava gotas de mel na soleira das casas dos recém-casados. A outra é que entre os povos germanos era costume casar na Lua nova, quando os noivos levavam uma mistura de água e mel para beberem ao luar" (08).

Maçonaria

"Para alguns, os irmãos maçônicos são sucessores diretos do Magos do Egito, os quais sobreviveram durante quatorze dinastias. Já no período Mosaico, eles eram os Guardas do Tebernáculos que permaneceram durante toda a existência da civilização hebraica (período em que foi construído o Templo de Salomão). Posteriormente, tornaram-se os grandes defensores do Cristianismo, como Templários. A entidade ficou dois ou três séculos na obscuridade, para ressurgir como Rosa Cruz.

A Maçonaria é uma Instituição filantrópica, filosófica, progressista e educativa, tendo por objetivo a indagação da verdade, trabalhando pelo melhoramento moral e material e pelo aperfeiçoamento intelectual e social da humanidade. Seu lema é o mesmo da Revolução Francesa: Liberdade, Igualdade e Fraternidade. Seus princípios são: Tolerância e respeito mútuo.

104 CURIOSIDADES • SE NÃO SABIA, Fique sabendo!

A Maçonaria é uma ordem de Comunhão Universal de homens livres e de bons costumes, de qualquer nacionalidade, credo ou raça."

A palavra "maçom" é de origem latina e significa pedreiro. Daí os símbolos: um compasso e um esquadro; a letra G, no entanto, representa a GNOSE, "o saber por excelência".

Madapolão

"Made in Pollon", ou seja, produzido na Polônia. O povo, nas feiras-livres, ou nas lojas espalhadas pelo nordeste do Brasil, ao comprar aquele tecido branco de lã, consistente, para confeccionar suas roupas, via na lapela a informação "Made in Pollon" e lia: "madapolão". O nome pegou e o tecido passou a ser conhecido, em todo o Brasil, como "madapolão".

Maratona

A mais importante prova dos Jogos Olímpicos teve origem há cerca de cinco séculos antes de Cristo e tem o nome da cidade de **Maratona**, na Grécia antiga. Após a vitória em uma batalha contra os persas, comandados

A principal prova olímpica.

por Dario, o comandante grego Milcíades determinou ao seu soldado Filípedes, ótimo corredor, que fosse o mais rápido possível até Atenas informar o grande feito aos atenienses. Após percorrer 42.195 km, a mesma distância dessa prova olímpica, em homenagem ao feito, o mensageiro, tendo chegado ao seu destino, só teve condições de pronunciar: "Vencemos." E caiu morto.

Mata-borrão

Bastante utilizado no período que antecedeu as canetas esferográficas, o papel "mata-borrão" era assim chamado porque enxugava o excesso de tinta, ou seja, acabava com o borrão. Ele surgiu em 1675 e foi descoberto por acaso, por um operário inglês, natural da cidade de Berkshire. O operário esqueceu de juntar a quantidade de cola necessária à pasta destinada à transformação em papel; caindo sobre esta um pouco de tinta, a atenção do operário foi despertada porque o papel aderiu, com rapidez, à tinta, enxugando-a com notável capacidade de absorção.

Mausoléu

A palavra tem origem muito remota, cerca de 300 anos antes de Cristo. O túmulo do Rei Mausolo foi construído por ordem de sua esposa Artemisa, que era, também, sua irmã, rainha da Cária, na Ásia Menor. Nele trabalharam mais de 30 mil homens. Trata-se do maior túmulo de toda a história da humanidade, e foi erguido na cidade de Holicarnasso, atual Turquia.

O túmulo do Rei Mausolo.

Método Braille

O francês Louis Braille perdeu a visão aos três anos de idade. Aos sete, ingressou no Instituto dos Cegos de Paris. Em 1827, aos dezoito anos, tornou-se professor desse instituto. Aos ouvir falar de um sistema de pontos e buracos, inventado por um oficial para ler mensagens durante à noite, em lugares onde seria perigoso acender a luz, Braille fez algumas adaptações no sistema de pontos e relevos, surgindo, assim, o alfabeto Braille.

Braille morreu de tuberculose, em 1852, ano em que seu método foi oficialmente adotado na Europa e na América. Um deficiente visual, treinado, pode ler cerca de 200 palavras por minuto.

Michelangelo

Embora não se considerasse um pintor, e sim um escultor, o florentino Michelangelo Buonarroti (1475-1574) foi, na realidade, uma grande gênio, tanto na pintura como na escultura.

"A convite do Papa Paulo III, Michelangelo realizou a obra que o notabilizou para a eternidade — o Juízo Final. Nesse trabalho que resultou em 300 afrescos foi pintado na abóbada da Capela Sistina, no Vaticano, possui quarenta metros de largura por treze de altura, move-se uma multidão de figuras, umas sentadas, outra flutuantes. A obra tem três planos diferentes: na parte superior, aparece Cristo, num gesto reprovador, rodeado pelos "escolhidos" e a violenta luta dos anjos contra os condenados. No plano inferior, os que não se salvaram aparecem caindo nos domínios dos infernos. Todos os movimentos da pessoa humana estão retratados nesse monumental afresco, cuja composição total inspira ao espectador a idéia de uma vingança implacável".

Mas Michelangelo foi também, e principalmente, escultor, e, nesse campo, deixou três obras insuperáveis: Pietà, a Virgem Maria envolvendo o filho morto, Davi, o jovem herói bíblico, que venceu Golias, e Moisés. Ao terminar este últimos, de tão entusiasmado, exclamou: "Per che nom parlas?" (Por que não falas?), dando-lhe uma machadada na altura do joelho direito, cuja marca foi, sabiamente, preservada, até hoje.

"Pietà", delicado e primoroso trabalho da juventude de Michelangelo.

Pietà

Monte Everest

Situado na Cordilheira do Himalaia, palavra que, em sânscrito, que dizer "Casa das Neves", o Monte Everest, com seus 8.839 metros, 48 cm, é considerado o Teto do Mundo e está localizado entre a Índia, o Nepal, o Butão

O Teto do Mundo.

114 CURIOSIDADES • SE NÃO SABIA, Fique sabendo!

e o Tibete. Somente em 1953 é que o homem alcançou o seu ponto mais elevado. Essa façanha coube, na realidade, a duas pessoas: ao neozelandês Eduard Hilla e ao nepalês Norkay Tensing.

Muralha da China

Imagine uma grande muralha que se estendesse de norte a sul do Brasil, que correspondesse à linha demarcatória do Tratado de Tordesilhas, com 2.500 metros de cumprimento, nove de altura e seis de largura e que seu contorno pudesse ser observado da Lua... Pois ela existe e foi construída na China a partir do século VI a.C., constituindo-se, por tudo isso, numa das Sete Maravilhas do Mundo.

A muralha da China

ly
Nylon

Em 1939, após várias pesquisas iniciadas quatro anos antes, começou a ser fabricada, em escala comercial, uma fibra realmente sintética que recebeu o nome de NYLON, que na realidade, simboliza a abreviatura de duas metrópoles mundiais: New York (NY), nos Estados Unidos, e LONDON (LON), capital da Inglaterra.

Olha o Passarinho

No tempo dos retratos, era comum os fotógrafos dizerem para o grupo que aguardava em frente das câmeras para ser fotografado: "Olha o passarinho!"

Esta frase tem origem remota, uma vez que as máquinas fotográficas de antigamente tinham um figura de um passarinho para concentrar a atenção das pessoas num mesmo ponto. Daí a recomendação: "Olha o passarinho!".

Olimpíadas

Criadas pelo francês Barão de Coubertein, as Olimpíadas da Era Moderna foram realizadas, pela primeira vez, em Atenas, na Grécia, no período de 6 a 15 de abril de 1896, e delas participaram apenas 13 países, dentre os quais o Brasil.

Barão de Coubertein

Demonstrando o sentido de confraternização, entre os povos do mundo, a bandeira olímpica, idealizada pelo próprio barão, é toda branca, simbolizando a paz entre os povos, tendo, ao centro, cinco círculos entrelaçados, que, por sua vez, representam os cincos continentes:

Ásia	(amarelo)
África	(preto)
América	(vermelho)
Oceania	(verde)
Europa	(azul)

Origem das Aeromoças

"Na década de 1930, nos Estados Unidos, uma enfermeira se ofereceu para acompanhar passageiros e dar atendimentos aos casos freqüentes de enjôo e mal-estar a bordo. A idéia deu tanto resultado que logo foi adotada por todas as companhias aéreas." (08, p. 225)

PARTE II　　　　Curiosidades Internacionais　　　　**121**

Oscar

Ao ser criado, chamava-se apenas "estatueta". Em 1931, segundo se conta nos bastidores, a bibliotecária da Academia de Artes e Ciências Cinematográficas, Margaret Hernick, ao observar a figura da pequena estátua, comentou: *"Nossa, parece com o meu tio Oscar"*. Ela se referia a Oscar Pierce, um fazendeiro do Texas. Um crítico de cinema chamado Sidney Skolsky, ouviu a brincadeira e a publicou.

O Oscar é concedido aos que mais se destacaram no Cinema americano e a um filme estrangeiro. Foi entregue pela primeira vez em 1929.

Ostracismo

A palavra é muito difundida no mundo de hoje. Segundo Aurélio Buarque de Holanda, ela significa afastamento das funções políticas ou da vida social.

O termo, na realidade, surgiu na Grécia antiga, da seguinte forma: quando uma pessoa cometia um erro, a sociedade, através de seu representante, colocava uma ostra numa ânfora (jarra), correspondente àquele erro. Assim, para cada erro, uma ostra era depositada na jarra, que, ao ficar completa, provocava a expulsão do infrator da cidade, sem direito a retorno.

Ovo de Colombo

"Cristóvão Colombo voltou à Espanha como herói, por ter descoberto a América. Um das homenagens que lhe reservaram foi um jantar oferecido pelo cardeal Pedro Gonzalo de Mendonza. Alguns convidados, entretanto, passaram a menosprezar a sua viagem, afirmando que qualquer um poderia descobrir o Novo Continente. Foi aí que Colombo deu a sua tacada de mestre. Propôs que todos colocassem um ovo em pé. Vários tentaram, nenhum conseguiu. Na sua vez, Colombo quebrou uma das extremidades do ovo, que ficou em pé. Desta forma, a expressão Ovo de Colombo passou a significar uma coisa fácil de ser realizada, depois que alguém a colocou em prática. (08, p. 151)

Ovo de Páscoa

Segundo tradição da Igreja, o ovo de páscoa lembra o dia da Ressurreição de Cristo, data da Antigüidade. Quiseram os cristãos celebrar a Páscoa e presentear seus amigos, escolhendo o ovo como símbolo da Ressurreição de Jesus. Assim como o pintinho que, pela própria força, após três semanas, irrompe seu jazigo e sai do ovo cheio de vida, Cristo, após três dias, irrompeu do seu sepulcro para a luz. Os ovos de Páscoa, por essa razão, representam a reencarnação do Senhor.

Papai Noel

Papai Noel, por certo, não existe, mas o Bispo Nicolau, que serviu de modelo para a sua criação, existiu. Ele viveu em Mira, na Turquia do século IV, e costumava ajudar as pessoas em dificuldades. Colocava um saco com moedas de ouro, a ser ofertado, na chaminé das casas.

Foi declarado santo depois que muitos milagres lhe foram atribuídos. Sua transformação em símbolo natalino aconteceu na Alemanha e, daí, correu o mundo. Nos Estados Unidos, a tradição do velhinho de barba comprida e roupas vermelhas, que anda num trenó, puxado à rena, ganhou força.

O Bom Velhinho.

126 CURIOSIDADES • SE NÃO SABIA, Fique sabendo!

A figura do Papai Noel que conhecemos hoje foi obra do cartunista Thomas Nast, na Revista Harpers Weeklys, em 1888. (08)

Papel

"Os primeiros ensaios da fabricação de papel de que se tem notícias na história, foram realizadas pelos egípcios, com fibra de papiro (daí o nome papel).

Os súditos dos Faraós obtiveram as primeiras folhas de papel. E, para não esquecer sua origem, as autoridades egípcias ordenaram que essas folhas de papel se chamassem papiros.

A idéia de se fazer papel, tal como agora, é de autoria de Nierbur, no século XIX. Só depois da invenção da imprensa, pelo alemão João Gutemberg, em 1440, é que a fabricação do papel tomou grande desenvolvimento." (Curiosidades, p. 67)

Pasteurização

Louis Pasteur, francês nascido em 1822 e falecido em 1895, foi o descobridor da microbiologia, da vacina contra a hidrofobia e quem imaginou usar o calor no processo para conservação dos alimentos, dentre os quais e, principalmente, o leite, técnica posteriormente chamada "pasteurização". Por seus conhecimentos científicos, terminou por derrubar os fundamentos da Teoria da Geração Espontânea, defendida, à época, pela Igreja.

PARTE II   Curiosidades Internacionais   **129**

Penicilina

As bactérias são responsáveis por algumas das mais graves doenças que afligem a humanidade. A tuberculose, enfermidade pulmonar, provocada pelo bacilo de Koch, foi uma das mais temidas moléstias, responsável por vários óbitos em pleno século XX. Uma grande descoberta, no entanto, viria a atenuar essa situação. Em 1929, o bacteriologista escocês, Alexander Fleming, após exaustivas experiências, descobriu a penicilina, que seria, então, o primeiro antibiótico.

"O cientista estava procurando estudar uma raça de estafilococos e deixou várias placas, com culturas dessas bactérias repousando no peitoril da janela de seu laboratório. Mais tarde, ao voltar, uma daquelas placas despertou-lhe, particularmente, a atenção. Ao centro dela formou-se uma área de mofo azul-esverdeado, do tamanho de uma moeda. Ao redor do mofo, separando-o

130 CURIOSIDADES • SE NÃO SABIA, Fique sabendo!

da cultura, aparecia uma região mais clara. Investigando, Fleming concluiu que, na região clara, a colônia de estafilococos fora destruída. Inoculando nos animais do laboratório o caldo que extraiu ao redor do mofo, verificou que eles não lhes era venenoso. O bacteriologista estudou, então detidamente, o fenômeno, constatando que a colônia de estafilococos fora contaminada com fungos do gênero "penicillium". Denominou, então, de PENICILINA a substância específica produzida pelo fungo, responsável pela reação anti-bacteriana".

Pout-pourri

Segundo matéria veiculada no Diário de Pernambuco de 31 de maio de 2006, subscrita por Márcio Cotrim: "Muitas vezes um disco, ou um espetáculo musical reúne trechos escolhidos de melodias para apresentação ao público. É o que se chama popularmente de pout-pourri (panela podre). Desagradável, não é? Pois fique sabendo que ela tem origem na tradução de **olla podrida,** cozido de carnes e legumes, especialidade da cozinha espanhola, criada no século XVII, quando era costume misturar todos os restos de comida na mesma panela, para fazer um tipo de ensopado."

Prêmio Nobel

A partir de 1901, "em todo o dia dez de dezembro, na capital da Suécia, Estocolmo, são entregues os mais importantes prêmios internacionais dos tempos modernos: os prêmios "Nobel" de física, química, medicina, literatura e o mais esperado entre eles, o da paz."

Dez de dezembro é o dia em que faleceu, em 1896, o sueco Alfred Bernhard Nobel, o homem que inventou a dinamite, mas que era, antes de tudo, um pacifista. Usou sua fortuna para ajudar as organizações pacifistas de seu tempo. Antes de morrer, deixou suas trinta milhões de coroas para uma Fundação, a fim de que fossem premiadas anualmente cinco personalidades de destaque mundial, das ciências e da cultura. Nobel queria que esses prêmios ajudassem a promover a compreensão e a amizade entre as nações.

Sobre a concessão desse importante prêmio, aconteceu um fato inusitado: Em 1925, o grande e já consagrado escritor irlandês George Bernard Shaw foi apontado como o literato do ano, ganhando o Prêmio Nobel de Literatura, tão ambicionado pela maioria dos escritores. Para surpresa geral, Bernard Shaw recusou ironicamente a láurea, fazendo a seguinte declaração: "Recusei o prêmio por estar suficientemente rico. O dinheiro do inventor da dinamite foi-me atirado como o salva-vida ao náufrago que acabou de chegar na praia por suas próprias forças, sem auxílio de ninguém."

O prêmio mais cobiçado do mundo.

Presépio / Missa do Galo

Segundo a história, foi São Francisco de Assis o responsável pela construção do primeiro presépio. Isto aconteceu na Itália, em 1224. Ele exibia o presépio à meia-noite, exatamente na hora simbólica do nascimento de Jesus. O ato era seguido de uma missa. Como os galos cantam, habitualmente às primeiras horas da madrugada, o que acontecia durante a solenidade, o povo deu a essa celebração o nome de "Missa do Galo".

Rei Sol

Em pleno apogeu do absolutismo, um monarca francês, de tão poderoso, ficou conhecido, na história da humanidade, como "Rei Sol".

Nunca a França tinha conhecido um monarca tão vaidoso e egocêntrico. Ele próprio se considerava a imagem de Deus na Terra.

Luís XIV, em traje de gala, reflete perfeitamente o fausto da época.

Jamais o mundo havia presenciado o poder concentrado, de forma tão completa, em uma só pessoa. Luís XIV costumava afirmar, em alto e bom tom: O Estado sou eu!

Relógio de Pulso

Foi o monge francês Gelbert, eleito mais tarde Papa, com o nome Silvestre II, quem inventou, no século X, o relógio metálico de rodas dentadas. Até então, os homens mediam o tempo utilizando vários instrumentos, como o quadrante e a ampulheta.

Em 1344, o famoso relojoeiro, João de Dandis, inventou o aparelho para dar horas. No século XV, foram construídos os primeiros relógios que marcavam os minutos, substituindo-se os pesos por uma mola de aço, em espiral.

Galileu, no século XVII, assistindo, certo dia, a um ofício na catedral de Pisa, notou que uma lâmpada, suspensa, oscilava lentamente e que as oscilações, embora fossem diminuindo pouco a pouco de amplitude, duravam sempre o mesmo tempo; descobriu, assim, a lei do isocronismo das pequenas oscilações de um pên-

Parte II — Curiosidades Internacionais

dulo, o que veio, dar ao relógio absoluta precisão cronométrica.

Coube aos alemães, em 1500, a fabricação dos primeiros relógios de algibeira, aos quais, pela forma oval, deram o nome de *ovos de Nuremberg* (cidade em que se fabricavam esses relógios portáteis).

Importante descoberta é atribuída ao paulista, de Ribeirão Preto, Alberto Santos Dumont (1873-1931), além do aeroplano. Trata-se do relógio de pulso, que aconteceu dada à necessidade daquele inventor em verificar, constantemente, seu relógio de algibeira e, ao mesmo tempo, manusear os instrumentos da sua aeronave. Ele resolveu o problema da seguinte forma: mandou colocar uma correia de couro no seu relógio de algibeira e passou a usá-lo no punho, onde poderia consultá-lo com muito mais facilidade.

S.O.S.

Um das primeiras mensagens após a invenção do telégrafo, codificada pelo alfabeto Morse, foi o pedido de socorro (... —... =SOS), emitido pelo "Titanic", sinistrado no Atlântico Norte, após colidir com um "iceberg" (montanha de gelo). O S.O.S., que é traduzido por muitos como "Salvai Nossas Almas", na realidade significa: " Salvai Nosso Navio" (Save Our Ship). Esse sinal foi escolhido como sinal internacional de socorro.

Sabotagem

Num movimento sindical ocorrido na França, durante a Revolução Industrial, alguns operários colocaram seus "**sabots**" (tamancos) nas engrenagem das máquinas, fazendo com que elas parassem de funcionar. Desta forma, a palavra "**sabot**ar" entrou para o dicionário da humanidade graças a esse artifício utilizado pelos franceses, muitos anos atrás.

Sandwich

Lorde Johan Eduard Montague, Conde de Sandwich (1718-1792), gostava muito de jogar baralho. Assim, em pleno jogo, chegou-lhe o mordomo com uma bandeja contendo um pão e um bife, para seu lanche. O Lorde, então, sem querer parar de jogar, pediu ao seu mordomo que cortasse o pão ao meio e colocasse, entre as duas partes, o pedaço de carne. Dessa forma, o compenetrado jogador continuou a sua diversão, agora degustando o seu lanche, que, a partir de então, começou a ser chamado, em homenagem a seu criador, de Sandwich.

Símbolos dos Sexos

"As convenções nasceram da Mitologia grega. O círculo com a cruz representa o espelho de Afrodite (Vênus), símbolo da mulher. O símbolo com uma flecha dirigida para o alto representa o escudo e a lança de Ares (Marte), símbolo do homem". (08. p.229)

Sinceridade

Sincero, sinceridade... A raiz destas palavras tem origem bem remota Surgiu, na realidade, na Idade Antiga, quando as peças de teatro eram exibidas ao ar livre e com máscaras de cera; assim, as expressões de medo, alegria, tristeza espanto, eram representadas pelas respectivas máscaras de que cobriam os rostos dos atores.

A (sin cêri)dade.

Parte II Curiosidades Internacionais **143**

Com o passar do tempo e com o aprimoramento das artes cênicas, a representação tornou-se mais real, e o próprio elenco passou a ser responsável por suas expressões. Então as máscaras de cera foram, aos poucos, ficando de lado. Nos dias de apresentação, a cidade era avisada pelos próprios atores: "Hoje teremos espetáculo "sin cera". Ou seja, sem máscara de cera, com as expressões faciais do próprio elenco, real, sem falsidade.

Sorvete

Segundo informações contidas no livro "Guia dos Curiosos" (08): "Uma pasta de leite e arroz, colocada na neve para se solidificar. Essa era a receita do primeiro sorvete, criado na China, há 4 mil anos. O problema era armazenar neve para o verão em rudimentares câmeras frigoríficas, com grossas paredes de pedra.

No século XIV, quando os chineses já faziam sorvetes de vários sabores, adicionando a neve ao leite, o explorador Marco Pólo levou a novidade para a Itália". Daí para o mundo contemporâneo foi questão de tempo.

Tamanho dos Sapatos

Tudo começou em 1305, na Inglaterra, quando o Rei Eduardo I decretou que se considerasse como uma polegada a medida de três grãos secos de cevada, alinhados. Os sapateiros ingleses se entusiasmaram com a idéia e passaram a fabricar, pela primeira vez, na Europa, sapatos em tamanhos padrão, baseando-se nos tais grãos de cevada. Assim, por exemplo, um calçado que medisse 37 grãos de cevada tinha tamanho trinta e sete.

Tatuagem

Segundo informações contidas no coluna de Márcio Cotrim, publicada no Diário de Pernambuco de 31 de maio de 2006, "a palavra TATUAGEM vem do tatu, idioma original do Taiti. Nele significa sinal, pintura, a arte de gravar na pele por meio de pigmentos coloridos, ícones indeléveis que simbolizam figuras conhecidas. A palavra foi introduzida na língua inglesa como tatoo, pelo navegador britânico James Cook. Quando ele chegou ao Taiti, observou que os nativos picavam a pele com um osso pontiagudo e derramavam, nessas picadas, uma tinta azul, daí resultando desenhos permanentes no corpo. O costume se espalhou entre a marujada e se popularizou como uma forma de embelezamento, sobretudo entre os jovens".

Telégrafo

"Instalado na sala de um prédio, na cidade de Washington, o inventor americano Samuel Morse, acionou a pequena alavanca de um curioso engenho que construíra. No mesmo instante, na cidade de Baltimore (a sessenta e quatro quilômetros de distância), um colaborador do cientista, sentado diante de um outro aparelho igual, notou que seu dispositivo entrava em funcionamento. Interpretando os traços irregulares que a agulha do mecanismo traçava em uma folha de papel, pôde ler: "What hath God Wraight" (Eis o que Deus criou), era o primeiro telegrama da história.

Esse processo estava ligado ao código alfabético, idealizado por Morse, com a seguinte simbologia:

A.-   B-...   C-.-.   D-..   E.
F..-.   G—.   H...   I..   J.—-
K-.-   L.-..   M—   N-.   O—-

148 CURIOSIDADES • SE NÃO SABIA, Fique sabendo!

P.—. Q—.- R.-. S... T-
U..- V...- W.— X-..- Y-.—
Z—..

Samuel Morse

Terra do Fogo

Foi Fernão de Magalhães (1480-1521), português de trás-os-montes, o primeiro navegador a conseguir a grande proeza de dar a volta ao mundo, o responsável pela denominação dessa comunidade que se localiza no extremo sul do continente americano, num arquipélago separado da Patagônia pelo estreito que liga os Oceanos Atlântico e Pacífico, chamado, em homenagem àquele navegador, de Estreito de Magalhães. Embora não aportasse no arquipélago, o viajante, a distância, pôde observar que as ilhas, à noite, apresentavam-se pontilhadas por inúmeras fogueiras. Eram fogos que serviam para aquecer as tendas daquele povo pré-colombiano.

Thomas Edson
(O Gênio da Lâmpada)

Um dos maiores inventores de todos os tempos foi o americano Thomas Alva Edson, autor de mais de mil inventos, onde se destacam, além da lâmpada elétrica, o fonógrafo, o cinetoscópio — um dos aparelhos que permitiram o nascimento do cinema —, o dínamo, o regulador de corrente, a bateria e muitos outros. É sua a célebre frase: "Um gênio se faz com um por cento de inspiração e noventa e nove por cento de transpiração."

Thomas Edson aos 74 anos

Torre de Pisa

A torre construída, em 1174, em Pisa, no noroeste da Península Itálica, foi projetada para abrigar o sino da catedral da cidade. Quando os três primeiros pavimentos da torre estavam prontos, notou-se uma ligeira inclinação em razão de um afundamento no terreno. Até sua inauguração, em 1350, a inclinação aumentou, atingindo 3m. Hoje, a inclinação chega a mais de 5m. Por tudo isso, além de sua beleza arquitetônica e os acontecimentos históricos que envolveram Galileu Galilei, para os quais serviu de palco, é considerada uma das Sete Maravilhas do Mundo.

A inclinação da história.

Torre Eiffel

Esta torre leva o nome do engenheiro francês Eiffel, que a construiu, em 1887, no Campo de Marte, Paris, para as comemorações do centenário da Revolução Francesa. Com seus 300 metros, é uma das mais belas e maiores torres existente em todo o mundo. Em 1909, foi contornada pelo brasileiro Alberto Santos Dumont, em seu 14-Bis, ao realizar a proeza de voar pela primeira vez numa aeronave mais pesada do que o ar. Outro responsável pela construção desse importante monumento foi o também francês Louis Leger

A Revolução.

Vauthier, que viveu alguns anos no Recife, onde foi responsável por projetos de importantes construções, das quais destacamos o Teatro de Santa Isabel e o Mercado de São José.

Trevo de Quatro Folhas

É sinônimo de boa sorte não apenas na Inglaterra, mas em todas as partes do mundo. Por sua raridade, uma vez que a maioria dos trevos possui apenas três folhas, o trevo de quatro folhas transformou-se num amuleto para os antigos "druidas", que habitavam a Inglaterra, por volta de 200 a.C. Eles acreditavam que quem possuísse um desses trevos poderia ver os demônios das florestas e ganhar alguns dos seus poderes.

Vacina

A varíola da vaca (cowpox) foi a doença responsável pela descoberta da vacina (o nome descende de "gado vacum", vaca). Edward Jenner (1749-1823), estudando os caracteres dessa doença, teve conhecimento de que, em algumas zonas rurais da Inglaterra, acreditava-se que quem já tivesse contraído a doença e sobrevivido ficava livre de ser novamente contaminado. Dessa forma, Jenner injetou uma pequena quantidade da bactéria em um paciente que, embora passasse a ter todos os caracteres da doença, não a contraiu.

Vaticano

O menor país do mundo, o Vaticano, sede universal da Igreja Católica, obteve sua soberania pelo tratado de Latrão, em 1929. Seu território possui menos de meio quilômetro quadrado. Nele reside o Papa, em um palacete que possui 5 mil quartos, 200 salas de espera, 22 pátios, 300 banheiros e dezenas de outras dependências destinadas a recepções de diplomatas.

O menor país do mundo.

Velinhas de Aniversários

"O bolo de aniversário parece ter surgido na Grécia, em homenagem a Ártemis, deusa da caça, reverenciada no dia 6 de cada mês. Dizia-se que as velas representavam o luar. Na Idade Média, esse costume chegou à Alemanha. Os camponeses faziam festas infantis que começavam ao raiar do dia. As velas eram acesas e a criança acordava com a chegada do bolo. Naquele tempo, o número de velinhas não era igual ao número de anos do aniversariante. O bolo recebia uma vela a mais, sinal da luz da vida." (08)

Wall Street

O centro econômico do mundo, no coração de New York, inicialmente chamada de New Amsterdã, teve sua origem com a chegada de alguns judeus saídos do Recife, em 1654, após a expulsão dos holandeses do nordeste brasileiro. Esses pioneiros, ao chegarem na América do Norte, formaram um povoado e foram obrigados, por conta dos assédios dos índios, a erguer um muro (paliçada), para a defesa do pequeno núcleo urbano que ali surgia. Ao lado desse muro, surgiu, então, um arruado que ficou conhecido como Rua do Muro (Wall Street), que corresponde hoje ao grande centro econômico do mundo.

Bibliografia

01 Almanaque Abril, São Paulo-1994.
02 Almanaque para todos-Records. 1975 Irving & Walace
03 CAVALCANTI, Carlos Bezerra. O Recife pontos de encontro. Recife, 1997
04 DIAGRAAMA VISUAL INFORMATION. Conparacion N.Y. St. Martins Press, 1980.
05 DIÁRIO DE PERNAMBUCO, de 24 de maio de 2006
06 DIÁRIO DE PERNAMBUCO, de 31 de maio de 2006
07 JORNAL DO COMMERCIO. de 3 de outubro de 1982
08 DUARTE, Marcelo. O guia dos curiosos. São Paulo,1997.
09 DUARTE, Marcelo. O guia dos curiosos. (esportes). São Paulo, 1996.
10 ENCICLOPÉDIA CONHECER. 12 VOLUMES.
11 O ESTADO DE SÃO PAULO, de 9 de outubro de 1981.
12 REVISTA do J.C. Ano 1. nº. 39
13 VITAL, Walmiro Rodrigues. Curiosidades (como se aprende distraindo-se). São Paulo, 1951.

Mexendo no seu Tempo

Autor: *Cíntia Braga*
100 páginas
ISBN: 85-7393-541-3

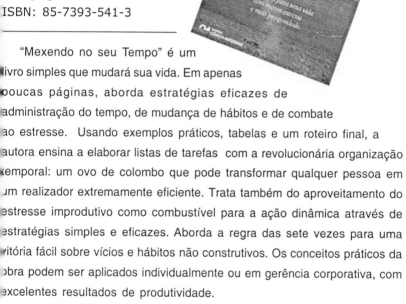

"Mexendo no seu Tempo" é um livro simples que mudará sua vida. Em apenas poucas páginas, aborda estratégias eficazes de administração do tempo, de mudança de hábitos e de combate ao estresse. Usando exemplos práticos, tabelas e um roteiro final, a autora ensina a elaborar listas de tarefas com a revolucionária organização temporal: um ovo de colombo que pode transformar qualquer pessoa em um realizador extremamente eficiente. Trata também do aproveitamento do estresse improdutivo como combustível para a ação dinâmica através de estratégias simples e eficazes. Aborda a regra das sete vezes para uma vitória fácil sobre vícios e hábitos não construtivos. Os conceitos práticos da obra podem ser aplicados individualmente ou em gerência corporativa, com excelentes resultados de produtividade.

À venda nas melhores livrarias.

Impressão e Acabamento
Gráfica da Editora Ciência Moderna Ltda.
Tel. (21) 2201-6662